Artistes | numéro 48

ROGIER VAN DER WEYDEN,
ENTRE GOTHIQUE ET ARS NOVA

— Un primitif flamand
en quête de réalisme

par Céline Muller

50MINUTES

Avec la collaboration d'Elisabeth Bruyns

ROGIER VAN DER WEYDEN

- **Naissance ?** Né vers 1400 à Tournai.
- **Mort ?** Décédé le 18 juin 1464 à Bruxelles.
- **Contexte ?** Rogier van der Weyden fait partie des primitifs flamands, un groupe de peintres actifs aux XVe et XVIe siècles dans les Pays-Bas méridionaux, notamment à Tournai, Bruxelles, Bruges, Gand et Anvers.
- **Œuvres majeures ?**
  - *La Descente de croix* (vers 1435)
  - *Saint Luc dessinant la Vierge* (1435-1440)
  - *Retable des Miraflores* (1442-1445)
  - *Le Jugement dernier* (1445-1450)
  - *Retable des sept sacrements* (1445-1450)
  - *Triptyque de la famille Braque* (vers 1452)
  - *Portrait de Philippe de Croÿ* (vers 1460)

Il est très difficile d'appréhender les innovations apportées par Rogier van der Weyden à la peinture de son temps car on ne possède que peu d'œuvres signées de sa main. En effet, au XVe siècle, les peintres sont toujours perçus comme des artisans, et il faudra encore attendre quelques années avant que la Renaissance les arrache à leur condition manuelle.

Rogier van der Weyden se situe à la charnière entre deux époques. À la fois considéré comme un peintre du gothique tardif et comme un artiste de la première Renaissance, il présente des affinités avec chacun de ces styles, oscillant entre peinture conventionnelle et représentation plus fidèle de la nature grâce à l'étude de l'anatomie et de la perspective. En outre, il exploite largement les nouvelles possibilités offertes par la peinture à l'huile, perfectionnée par son compatriote Jan Van Eyck (1390/1400-1441). Celle-ci permet des effets de couleur et de lumière inédits qui confèrent à ses œuvres un caractère intimiste.

Le destin du peintre est étroitement lié à celui du duc Philippe III le Bon (1396-1467) et, de manière générale, à la cour de Bourgogne. Celle-ci est non seulement un généreux mécène, mais constitue également une importante source de diffusion de ses œuvres à travers toute l'Europe.

CONTEXTE

LE SIÈCLE DE L'HUMANISME

Le XVe siècle représente un tournant décisif entre le Moyen Âge et la Renaissance. Cette dernière désigne un vaste mouvement de renouveau culturel qui prend sa source en Italie, à Florence, et se caractérise principalement par un retour à l'Antiquité à travers la redécouverte de la littérature et des arts gréco-romains. On voit également émerger une nouvelle conception du monde liée aux grandes découvertes et à l'apparition de l'humanisme, qui place l'individu au centre de ses préoccupations. Peu à peu, l'homme s'affranchit d'un cadre religieux omniprésent pour s'intéresser à lui-même.

On attribue la paternité du mouvement humaniste à l'Italien Pétrarque (1304-1374), qui réétudie des auteurs anciens comme Cicéron (106-43 av. J.-C.), est imité par un grand nombre d'érudits qui abandonnent les modèles médiévaux au profit des enseignements de l'Antiquité. Il en résulte un véritable renouvellement intellectuel et artistique qui, depuis son berceau italien, touche toute l'Europe. Si l'humanisme se présente de manière différente à Florence et dans les Flandres, dans les deux cas, on s'intéresse à la nature et à la figure humaine. Notons que ce nouvel intérêt pour l'homme aura également des répercussions sur le statut des artistes, qui sortiront peu à peu de l'ombre dans laquelle le Moyen Âge les confinait.

L'ART FLAMAND À LA COUR DE BOURGOGNE

L'appellation « primitifs flamands » a été inventée au XIXe siècle pour désigner les peintres en activité dans les anciens Pays-Bas méridionaux (Belgique, Luxembourg et Nord de la France actuels), unifiés par les ducs de Bourgogne au début du XVe siècle. La politique conquérante et les alliances matrimoniales profitables de ces derniers en ont fait l'une des grandes puissances européennes. Décrite par les chroniqueurs de l'époque comme faste et luxueuse, la cour de Bourgogne place une grande partie de sa richesse dans le mécénat. Cependant, il ne s'agit pas du seul commanditaire des primitifs flamands. En effet, certaines villes comme Bruges, Anvers, Bruxelles ou Gand sont si prospères qu'une nouvelle classe sociale voit le jour : la bourgeoisie marchande, qui entend s'imposer et manifester son prestige en se faisant immortaliser sur la toile. Aussi cette nouvelle mode participe-t-elle à l'essor de l'art du portrait. Pour faire face à la demande grandissante, de véritables ateliers de peintres se développent alors partout en Flandre. Il s'agit d'un véritable âge d'or à la fois dans les domaines économique et artistique.

Dans les années 1420-1430, parallèlement à la Renaissance italienne qui naît à Florence, une véritable révolution picturale anime les anciens Pays-Bas, donnant naissance à l'*ars nova*. Rompant avec les conventions du gothique international et ses archétypes figés, ce courant, influencé par les innovations italiennes, s'oriente vers un art plus réaliste. Les peintres flamands cherchent à représenter un espace illusionniste basé sur l'observation de la nature et les lois de la perspective. En outre, le perfectionnement de la peinture à l'huile permet à la lumière de se refléter de manière inédite et accroît ainsi le réalisme des œuvres. Grâce aux nombreux échanges commerciaux entre les anciens Pays-Bas et le reste de l'Europe, l'*ars nova* se répand rapidement en Italie, en Allemagne ou encore en France, où de nombreux artistes s'exercent à cette nouvelle manière de peindre.

BIOGRAPHIE

DES DÉBUTS MYSTÉRIEUX

Un halo de mystère entoure les premières années d'existence de Rogier van der Weyden, aussi appelé Rogier de la Pasture ou Rogier de le Pasture. Il serait né à Tournai vers 1400, dans une famille modeste, et serait le fils d'Agnès de Wattrelos et d'Henri de la Pasture. Les historiens perdent cependant sa trace jusqu'à ce qu'il apparaisse à nouveau en 1427, sous le nom de Rogelet de La Pasture, dans les registres de la guilde de Saint-Luc (corporation d'artistes présente à partir du XIVe siècle dans plusieurs pays européens) de Tournai. Il y est présenté comme l'élève du célèbre peintre Robert Campin (vers 1378-1444). Celui-ci, très engagé dans la vie politique tournaisienne, délègue une grande partie de ses responsabilités artistiques à Rogier van der Weyden, qui restera dans l'atelier du maître jusqu'en 1432, date à laquelle il accède à son tour à la maîtrise.

Vers 1435, l'artiste s'installe à Bruxelles, où il est nommé peintre officiel de la ville. Il est probable qu'il se soit fait remarquer lors d'une visite du bourgmestre de Bruxelles à Tournai l'année précédente. Cependant, si le titre semble prestigieux, il est essentiellement honorifique : van der Weyden ne perçoit ni revenus réguliers, ni faveurs particulières. Vers 1439 et 1454, la ville lui commande cependant deux séries de grands formats pour décorer la salle principale de l'hôtel de ville. Ces tableaux illustrent des épisodes de la justice de Trajan et d'Archambault, considérés en ce temps-là comme des juges modèles, et sont destinés à servir d'exemples aux magistrats qui rendent la justice dans ce bâtiment. Les originaux ayant été détruits lors du bombardement de Bruxelles par les troupes françaises en 1695, on n'en connaît aujourd'hui plus que des copies. À la même période,

Rogier van der Weyden peint le retable de l'autel de la confrérie des peintres à la collégiale Sainte-Gudule, dédié à saint Luc. Pour cette œuvre, il s'inspire directement de *La Vierge du chancelier Rolin* (vers 1435) de Jan Van Eyck, avec qui il semble d'ailleurs entretenir des liens étroits.

En 1444, le peintre habite une grande maison du centre-ville avec son épouse et ses quatre enfants. Il aurait en effet épousé Élisabeth Goffaert, la fille d'un riche chausseur bruxellois, vers 1426. Ses deux plus jeunes fils, Pieter et Jan, poursuivront eux aussi une carrière artistique, le premier en tant que peintre, le second en tant qu'orfèvre.

AU SERVICE DE LA COUR DE BOURGOGNE

L'arrivée de van der Weyden à Bruxelles coïncide avec l'installation de la cour de Bourgogne au palais du Coudenberg. Sans jamais être véritablement nommé peintre officiel des ducs de Bourgogne, l'artiste honore toutefois un certain nombre de commandes pour Philippe III le Bon et son entourage. C'est grâce à la proximité de van der Weyden avec la famille ducale que l'on est parvenu à établir une chronologie de ses travaux, notamment par le biais des livres de comptes du duc. Parmi les réalisations majeures de l'artiste à cette époque, relevons *Le Jugement dernier* (1445-1450) et le *Retable des sept sacrements* (1445-1450). Le peintre réalise également les portraits d'Isabelle du Portugal (1397-1471), duchesse de Bourgogne, de Charles le Téméraire (1433-1477), futur duc de Bourgogne, et probablement de Philippe III le Bon, mais l'original a été perdu.

LE VOYAGE EN ITALIE

En 1450, Rogier van der Weyden entreprend un voyage en Italie dont on ne connaît quasiment aucun détail si ce n'est qu'il aurait eu l'occasion d'admirer les fresques de Gentile da Fabriano (vers 1370-1427) dans la basilique du Latran. L'artiste bruxellois le désigne du reste comme le meilleur peintre d'Italie. Van der Weyden aurait également réalisé plusieurs œuvres au cours de son séjour, notamment une Vierge et une lamentation du Christ à l'intention de la famille Médicis ou encore une descente de croix pour la famille d'Este à Ferrare. Malheureusement, la majeure partie de sa production de cette période a été égarée ou détruite.

Si l'influence italienne se fait assez peu sentir dans les œuvres de van der Weyden, l'impact du peintre sur l'art italien est quant à lui avéré. En effet, vers 1460, la grande renommée de l'artiste attire à la cour de Bourgogne Zanetto Bugatto (1458-1474), portraitiste officiel de la famille Sforza à Milan, sur le conseil du duc de Milan lui-même.

À la fin de sa vie, van der Weyden continue à recevoir régulièrement de prestigieuses commandes pour des couvents (par exemple pour l'abbaye de Cambrai) ou pour d'illustres particuliers. C'est d'ailleurs à cette époque, vers 1460, qu'il peint ses portraits les plus célèbres : celui de Philippe Ier de Croÿ (1435-1511) et celui de François d'Este (vers 1430-1475). Sa notoriété, qui lui a permis de mener une vie très confortable, le conduit à faire don de certaines de ses œuvres, notamment à la Chartreuse de Hérinnes-lez-Enghien. Il est également établi que son second fils, Pieter, l'assiste à partir de 1455, avant de reprendre son atelier après sa mort en 1464. Rogier van der Weyden est enterré à l'église Sainte-Gudule, au pied de l'autel de la confrérie des peintres de Saint-Luc dont il a peint le retable.

- 13 -

VAN DER WEYDEN FILS

On sait très peu de choses de l'activité de Pieter van der Weyden après le décès de son père. Il est souvent identifié à différents noms de la peinture flamande tels que « le maître de la Légende de sainte Catherine », « le maître de l'Adoration du Prado » ou « le maître de la Rédemption du Prado », mais il ne s'agit que d'hypothèses. La seule œuvre à lui être attribuée avec certitude est un tableau votif réalisé en 1486 pour l'église Sainte-Gudule.

CARACTÉRISTIQUES

UNE PEINTURE PLUS RÉALISTE

Si Rogier van der Weyden n'est pas un des fondateurs de l'école picturale flamande, il hérite cependant directement des innovations de ces derniers. En effet, son style constitue une synthèse entre les expérimentations spatiales de Jan Van Eyck et les recherches plastiques de Robert Campin. Il propose donc, à l'instar de ses compatriotes, une peinture plus réaliste que celle des siècles précédents.

Pour ce faire, il se livre à une observation particulièrement méticuleuse de la nature, afin de la peindre avec la plus grande fidélité possible. Renforçant le réalisme de ses œuvres, la perspective, même si elle n'est pas encore tout à fait maîtrisée, ouvre par ailleurs l'espace du tableau au spectateur. Enfin, la technique de la peinture à l'huile lui permet d'obtenir une meilleure netteté dans les détails, une plus grande précision de trait, ainsi que des effets de profondeur, de couleur, de lumière et de transparence inédits, grâce à la superposition de plusieurs fines couches de liant légèrement pigmentées appelées « glacis ». Autant d'éléments qui accentuent la dimension réaliste de ses œuvres.

Toutefois, l'art de Rogier van der Weyden présente encore, à certains égards, des caractéristiques issues du gothique : des compositions architecturales inspirées des monuments et des habitations privées des Pays-Bas, et une représentation parfois assez conventionnelle des personnages.

DES PORTRAITS EXPRESSIFS

En dépit de ces restes gothiques, van der Weyden, en accord avec l'idéal humaniste de son temps, accorde une toute nouvelle importance à la figure humaine perceptible à la fois dans la représentation anatomique du corps humain et dans le choix des thématiques. À côté de ses grands ensembles religieux, l'artiste peint en effet un certain nombre de portraits, et c'est sans aucun doute dans ce genre pictural que son originalité s'exprime le mieux. Il propose des personnages aux traits particulièrement expressifs, constituant presque des portraits psychologiques de ses modèles. Cette volonté de créer des figures quasi vivantes, et par conséquent capables de toucher ses spectateurs, s'inscrit en réalité dans le renouvellement de la spiritualité chrétienne (*devotio moderna*) qui marque la fin du XIVe siècle et le XVe siècle : la religion est vécue de manière plus intime et personnelle.

Il faut également noter qu'au réalisme accru de ses œuvres s'ajoute une dimension plus profonde, un trait hérité des primitifs flamands, très attachés aux symboles, aux jeux de trompe-l'œil ou encore aux illusions d'optique. Aussi trouve-t-on souvent un sens caché, et bien souvent mystique, derrière des œuvres très méticuleuses qui pourraient au premier abord passer pour de simples miroirs de la réalité. En ce qui concerne van der Weyden, on retrouve notamment ce goût pour les effets d'optique dans sa *Descente de croix*, où il joue avec les limites entre le cadre réel et le cadre peint. De manière générale, la peinture à l'huile sert énormément les jeux picturaux des peintres flamands.

DANS L'ATELIER DU PEINTRE

Dans la tradition catholique, l'évangéliste saint Luc est connu pour avoir eu une vision de Marie et de Jésus dont il tira un portrait. C'est d'ailleurs la raison pour laquelle il est considéré comme le saint patron des peintres. Vers 1435, Rogier van der Weyden popularise ce thème pictural au sujet duquel on ne connaît jusque-là qu'une seule représentation, celle de Robert Campin, uniquement révélée grâce à des copies. Dans son tableau, *Saint Luc dessinant la Vierge*, on découvre saint Luc sous les traits de van der Weyden lui-même en train de préparer une esquisse de la Vierge à la pointe d'argent.

En dehors de ses qualités stylistiques, cette œuvre présente un grand intérêt historique dans la mesure où elle nous renseigne sur les pratiques de l'époque. En effet, pour éviter de monopoliser un modèle durant des jours entiers, les artistes réalisent d'abord différents dessins préparatoires et esquisses afin de faciliter leur propre travail, mais aussi celui de leurs collaborateurs. Cette pratique se généralise à partir de la Renaissance et favorise également un certain intérêt intellectuel pour le dessin. Dès le début du XVe siècle, en Italie, les théoriciens Cennino Cennini (vers 1370-1440) et Leon Battista Alberti (1404-1472) diffusent l'idée qu'un bon dessin (*disegno*) est à la base d'une composition réussie. Van der Weyden reprend ce discours à son compte et initie une véritable méthode de travail qui servira d'exemple à ses successeurs dans le Nord de l'Europe, puis sur l'ensemble du continent. Saint Luc devient alors le symbole de la création artistique en tant que pratique intellectuelle s'appuyant sur des croquis et des études. Cette nouvelle conception de la peinture contribuera par ailleurs à valoriser le statut du peintre et de l'art en général.

SÉLECTION D'ŒUVRES

LA DESCENTE DE CROIX

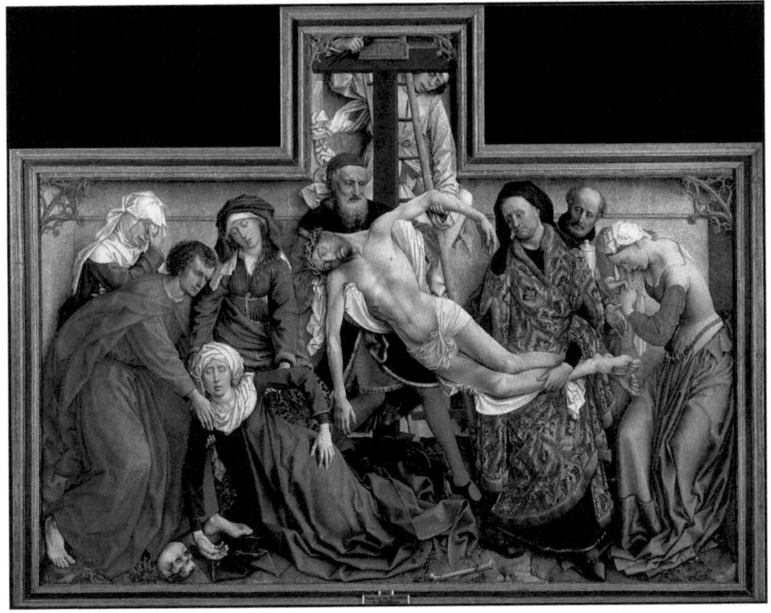

La Descente de croix, vers 1435, huile sur bois, 220 x 262 cm, Madrid, musée du Prado.

Cette œuvre, qui dépeint la descente du Christ de la croix par Joseph d'Arimathie et Nicodème, est une commande de la corporation des arbalétriers de Louvain pour décorer l'autel de la chapelle Notre-Dame-hors-les-murs de la ville. Ceci explique d'ailleurs pourquoi le tableau présente quatre arbalètes dans les angles supérieurs. Au XVIe siècle, Marie de Hongrie (1505-1558), la sœur de Charles Quint (1500-1558), acquiert l'œuvre pour l'exposer dans son château à Binche, tandis qu'une copie de Michiel Coxcie (1499-1592) remplace le tableau originel à partir de 1548 dans la chapelle. Lorsque Philippe II d'Espagne (1527-1598) reçoit l'héritage de sa tante, Marie de Hongrie, le tableau part pour l'Espagne. Il est à présent conservé au musée du Prado à Madrid.

Cette œuvre est en parfaite adéquation avec le mouvement de la *devotio moderna* et les idées véhiculées par l'un des plus célèbres ouvrages de dévotion de l'époque, *L'Imitation de Jésus-Christ*, publié en 1418 et attribué à Thomas a Kempis (vers 1380-1471). Tout comme ce texte, le tableau de van der Weyden invite le spectateur à s'identifier aux saints personnages et à partager leurs souffrances. L'évanouissement de la Vierge, en réponse au corps affaissé de son fils, est inédit dans ce type de représentation et accentue encore le phénomène d'identification.

Le naturalisme très poussé de cette œuvre est une des caractéristiques principales de l'*ars nova*. On peut également noter que le peintre joue avec la représentation du réel en proposant une sorte de trompe-l'œil : le personnage en haut de l'échelle semble avoir le bras coincé entre la croix et le cadre fictif du tableau, comme s'il était pris au piège entre la réalité et l'espace pictural. En outre, le rendu des corps, assez sculptural, rappelle le style de Robert Campin. Cependant, par son souci de dresser pour chacun des personnages un véritable portrait psychologique, van der Weyden fait preuve d'une réelle originalité. Aussi la manifestation intense des émotions s'accorde-t-elle tout à fait avec l'objectif du tableau : non seulement faire éprouver au spectateur la tristesse et la douleur de la scène qui se déroule sous ses yeux, mais aussi lui rappeler le sacrifice de Jésus au-dessus d'un autel où ce même sacrifice est commémoré pendant la messe.

Du point de vue de la composition, il est assez rare dans le traitement de ce thème iconographique de voir autant de personnages autour du Christ et de la Vierge. Cependant, les figures, bien que monumentales (et presque traitées en taille réelle) sont positionnées de manière judicieuse, d'une part grâce à des jeux de courbes et de contrecourbes, d'autre part grâce au parallélisme (Marie et Jésus) ou à l'opposition (Marie Madeleine, à l'extrême gauche, et saint Jean, qui soutient Marie) entre certains personnages.

- 19 -

UNE ŒUVRE EXCEPTIONNELLE !

En plus de ses dimensions hors normes, cette œuvre est remarquable par les matériaux utilisés pour sa conception. En effet, le bleu qui orne le manteau de la Vierge est composé à partir de lapis-lazulis très purs, et donc extrêmement couteux, d'une qualité encore jamais observée chez les contemporains de van der Weyden.

SAINT LUC DESSINANT LA VIERGE

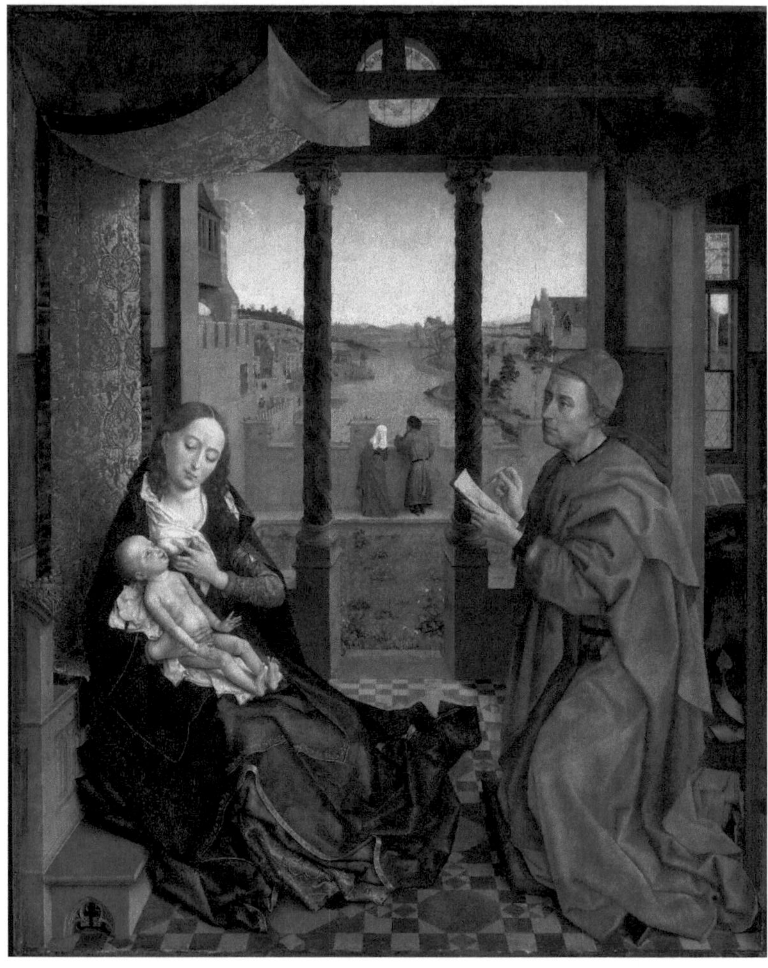

Saint Luc dessinant la Vierge, 1435-1440, huile et tempera sur panneau, 137,5 x 110,8 cm, Boston, musée des Beaux-Arts.

Ce tableau, réalisé entre 1435 et 1440 pour le compte de la guilde de Saint-Luc, était destiné à orner la chapelle de la guilde des peintres dans la cathédrale Sainte-Gudule de Bruxelles. Il s'agit probablement de l'une des premières œuvres de l'artiste en tant que peintre officiel de la ville.

Ici, van der Weyden s'inspire fortement de *La Vierge du chancelier Rolin* de Jan Van Eyck, peinte vers 1435. Il lui emprunte l'aspect général de la composition, l'attitude solennelle des personnages, l'aspect très travaillé de l'espace architectural, le paysage extrêmement détaillé de l'arrière-plan et la présence de deux personnages secondaires, vus de dos, qui semblent ouvrir le regard du spectateur sur la scène du fond. D'autre part, la réflectographie infrarouge montre que dans le dessin sous-jacent de l'œuvre, l'artiste avait prévu de peindre un ange couronnant la Vierge ainsi que l'a fait Jan Van Eyck. Cependant, cet ange n'apparaît pas dans la version finale, ni dans ses copies. Là où le peintre se détache de l'œuvre de son illustre prédécesseur, c'est dans le sujet du tableau : il s'agit, non pas d'une Vierge à l'Enfant, mais d'une évocation, voire d'une consécration totalement moderne du statut de l'artiste.

À l'instar de *La Descente de croix*, cette scène témoigne d'un naturalisme poussé à l'extrême, notamment dans le rendu méticuleux des plantes ou des décors sculptés. Pourtant, elle n'est pas exempte de détails symboliques et religieux. Parmi ces clins d'œil, chers aux primitifs flamands, relevons par exemple la représentation d'Adam et Ève sur l'accoudoir du siège de Marie. Cet élément, qui peut paraître insignifiant et qui est pourtant minutieusement exécuté, permet de rappeler le rôle rédempteur de la Vierge et de son fils. De même, la discrète présence d'un bœuf, dans la partie sombre de l'annexe à droite, sous un livre ouvert, évoque celle de saint Luc lui-même et de son évangile.

Cette œuvre a eu une postérité inattendue. On ne lui connaît pas moins de trois copies d'excellente facture conservées à l'ancienne pinacothèque de Munich, au musée de l'Ermitage de Saint-Pétersbourg et au Groeningemuseum de Bruges. Bien des débats ont été lancés pour établir laquelle des quatre œuvres était l'originale, certains proposant même l'hypothèse selon laquelle le tableau d'origine aurait été perdu. L'examen du dessin sous-jacent, dans les années quatre-vingt-dix, a permis de statuer en faveur de l'œuvre conservée à Boston.

LE JUGEMENT DERNIER

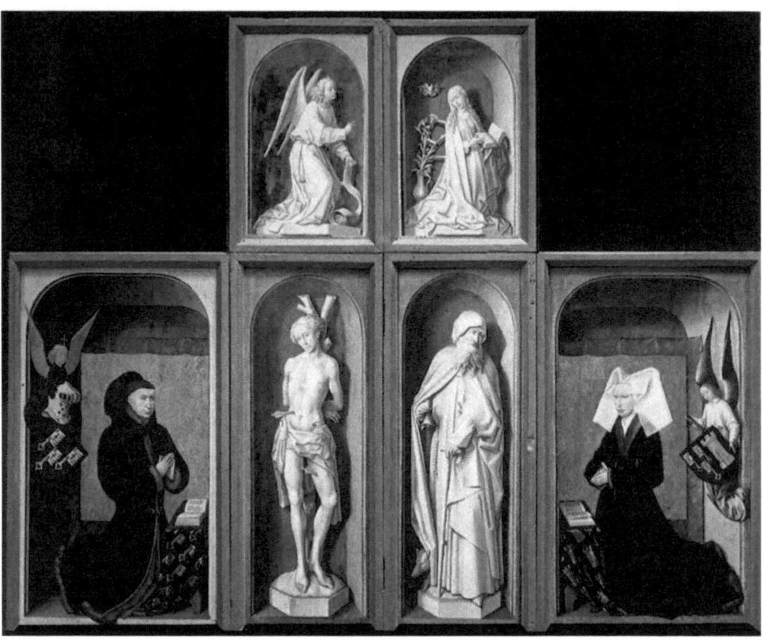

Le Jugement dernier, 1445-1450, huile sur bois, 220 x 548 cm, Beaune (France), hospices de Beaune. Polyptyque fermé.

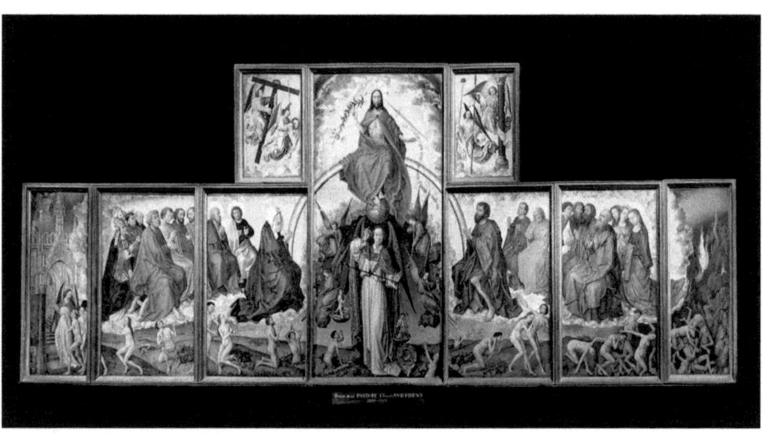

Polyptyque ouvert.

Le Jugement dernier est également une œuvre monumentale :
il s'agit d'un polyptyque composé de quinze panneaux de chêne.
Il a été commandé par un haut fonctionnaire de la cour bourgui-
gnonne, le chancelier Nicolas Rolin (1376-1462) afin de décorer
l'autel de la chapelle destinée aux malades les plus démunis de
l'Hôtel-Dieu de Beaune, un hôpital que Rolin fit construire en 1443
dans le contexte d'une épidémie de peste. L'œuvre est classée
aux monuments historiques depuis 1891 et n'a jamais quitté son
lieu d'origine.

À l'instar du *Triptyque de la famille Braque*, daté de 1452, *Le Jugement
dernier* s'inscrit dans une phase plus austère, plus sévère, de l'œuvre
de van der Weyden. Si ses premiers tableaux, très marqués par
l'influence de Campin et de Van Eyck, présentent une dimension
humaine et intime tout en restant religieux, ici, en revanche,
la composition est plus rigide, plus raisonnée et moins passionnée.

Le polyptyque, le plus souvent fermée, n'est ouverte que les
dimanches et les jours de fêtes liturgiques. Le revers des volets
est ordonné de la même façon que *L'Agneau mystique* (1432)
de Van Eyck : on y trouve le couple de donateurs, Rolin et son
épouse, de part et d'autre des deux saints patrons de l'hôpital,
surplombés par une Annonciation. Excepté les donateurs, le tout
est peint avec la technique de la grisaille, consistant à utiliser
plusieurs nuances d'une seule et même couleur afin d'imiter la
pierre. L'intérieur du retable est quant à lui bien plus personnel.
Effectivement, première innovation de van der Weyden, le diable,
un personnage récurrent dans les représentations du Jugement
dernier, est absent du tableau. Par ailleurs, le peintre représente
les ressuscités non pas comme un amas indistinct de corps indif-
férenciés, mais de manière individualisée, proposant une palette
d'émotions variées allant de l'incrédulité à la colère et de l'émer-
veillement au désespoir.

PORTRAIT DE PHILIPPE DE CROŸ

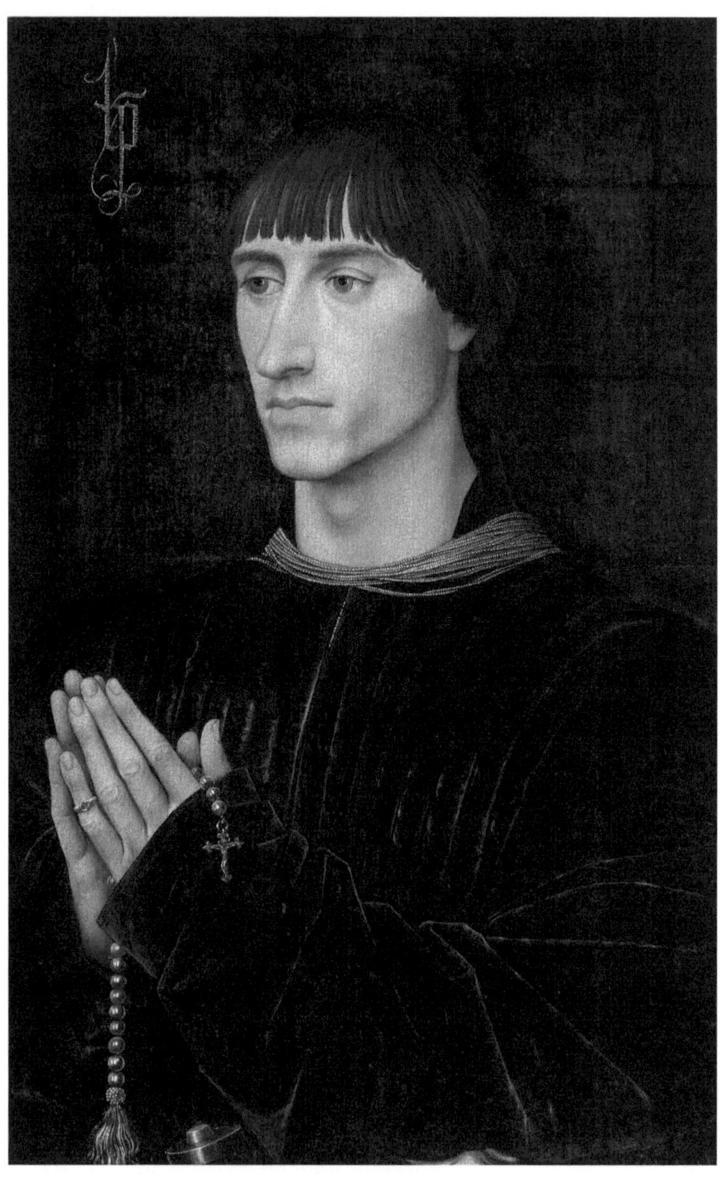

Portrait de Philippe de Croÿ, vers 1460, huile sur bois, 49 x 30 cm, Anvers, musée royal des Beaux-Arts.

Van der Weyden était si réputé pour ses portraits qu'on lui prête un quasi-monopole de ce type de commande à la cour de Bourgogne entre 1445 et 1464. Il s'agit ici du portrait de Philippe Ier de Croÿ, chambellan de Philippe III le Bon et compagnon d'arme de son successeur, Charles le Téméraire.

Vers le milieu du XVe siècle, l'artiste lance une nouvelle mode en parfaite adéquation avec la spiritualité plus intimiste qui se répand à ce moment-là aux Pays-Bas : le portrait de dévotion. Celui-ci se présente comme un diptyque contenant d'une part un portrait classique du commanditaire de l'œuvre, d'autre part un second panneau représentant une Vierge à l'Enfant ou une image pieuse. Dans ce type d'œuvre, l'artiste peint presque toujours ses personnages sur un fond neutre, souvent sombre, qui confère à la scène une atmosphère solennelle, mais également un aspect intemporel qui s'accorde bien avec la volonté des bourgeois et des aristocrates de l'époque de s'inscrire dans les mémoires.

Malgré le réalisme apparent de ce portrait, van der Weyden embellit quelque peu son modèle, notamment en réduisant la taille de son nez et en arrondissant sa mâchoire proéminente. En effet, si on compare le tableau aux descriptions écrites du personnage qui nous sont parvenues, on constate que l'original devait certainement être moins harmonieusement proportionné. Mais il ne s'agit pas là du seul arrangement du peintre avec la réalité. Il semble que van der Weyden allonge fréquemment les traits de ses modèles et porte un intérêt tout particulier à leurs mains, jointes en prière, pour insister sur leur dévotion.

ROGIER VAN DER WEYDEN, UNE SOURCE D'INSPIRATION

On sait, grâce aux archives, que le fils de van der Weyden, Pieter, reprend l'atelier de son père après sa mort. Le fils de ce dernier (et donc le petit-fils de Rogier van der Weyden), Goswin, embrasse lui aussi la carrière de peintre, de même que son propre fils, également prénommé Rogier. Tous perpétuent, au sein de l'atelier de leur ancêtre, le style du maître.

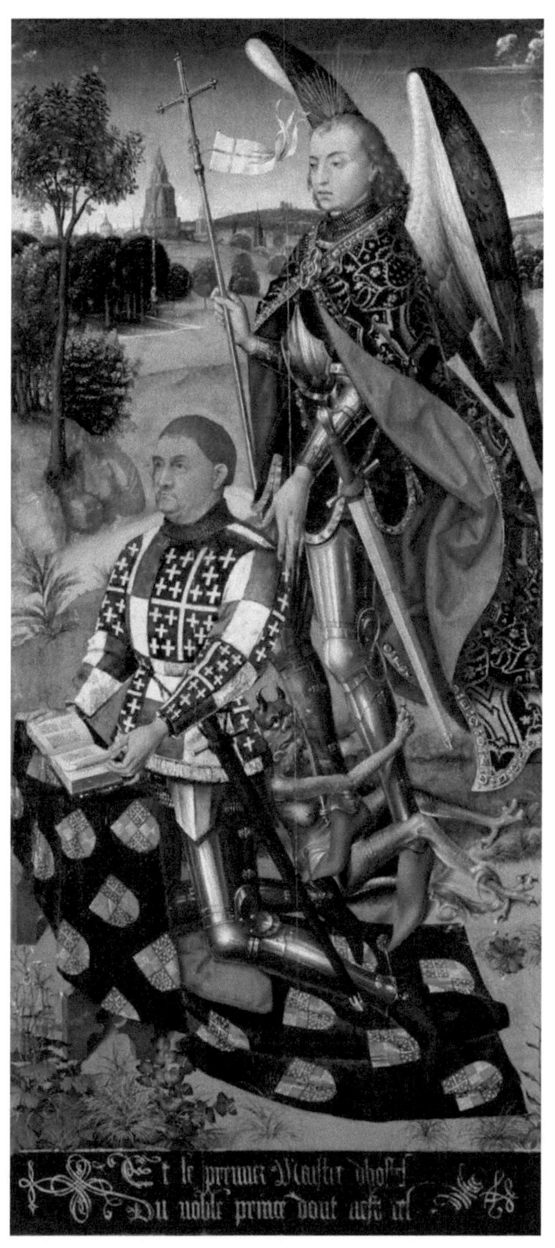

Anonyme, *M. de Chaugy présenté par saint Michel*, volet du *Retable de la passion d'Ambierle*, 1466, huile sur bois, Ambierle, église Saint-Martin.

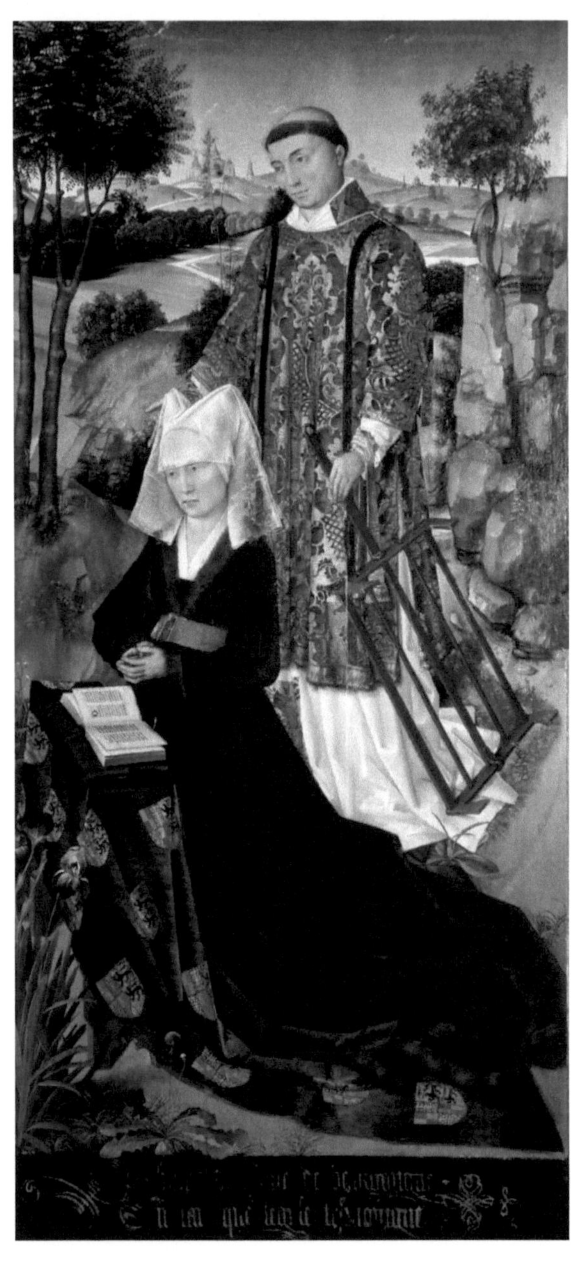

ANONYME, *L. de Jaucourt présentée par saint Laurent*, volet du *Retable de la passion d'Ambierle*, 1466, huile sur bois, Ambierle, église Saint-Martin.

Les volets du *Retable de la Passion d'Ambierle*, peints en 1466 et attribués tantôt à Pieter van der Weyden, tantôt à un membre anonyme de son atelier, sont un parfait exemple de l'influence de l'artiste sur ses descendants : dans cette œuvre de composition classique, les deux donateurs sont peints sur les volets, de chaque côté de la partie centrale du retable, qui est quant à lui sculpté. La manière dont les donateurs sont représentés rappelle sans aucun doute *Le Jugement dernier* de l'Hôtel-Dieu de Beaune. À la fois naturalistes et expressifs, ces portraits témoignent d'une grande spiritualité et reflètent la psychologie de leurs modèles.

Cependant, la conception de la peinture de van der Weyden dépasse les frontières flamandes et fait des émules dans toute l'Europe : en Italie et en Espagne, grâce à des artistes venus se former dans l'atelier du maître, mais aussi en France et surtout en Allemagne. En effet, le plus grand héritier de van der Weyden est certainement le peintre allemand Hans Memling (vers 1433-1494), qui a passé une grande partie de sa carrière à Bruges et aurait été, selon certains historiens de l'art, l'élève du maître. En examinant les ébauches préliminaires et les dessins sous-jacents de ses œuvres, on observe de réelles similitudes dans la manière de dessiner des deux artistes. L'influence de van der Weyden est particulièrement visible dans les portraits de Memling. Que ce soit dans ses *Portraits de deux personnes âgées* (1470-1472) ou dans son *Diptyque de Tommaso Portinari et de sa femme* (vers 1472), on trouve le même souci de rendre l'attitude pieuse des personnages et le même soin apporté aux mains. En ce qui concerne le format en lui-même, Memling reprend le diptyque popularisé par son illustre prédécesseur.

Van der Weyden exerce également une grande influence sur le peintre et graveur alsacien Martin Schongauer (1450-1491). Celui-ci ne cache d'ailleurs pas son admiration pour le maître et réalise même une copie du *Jugement dernier* lors d'une visite à Beaune en 1469. Il reprend à son compte la vision intimiste, presque privée, de la spiritualité propre à l'artiste pour proposer, en 1473, une *Vierge au buisson de roses* pleine de tendresse et de grâce.

EN RÉSUMÉ

- Rogier van der Weyden naît vers 1400 à Tournai, mais passe l'essentiel de sa carrière à Bruxelles, où il devient le peintre officiel de la ville en 1435.

- Il appartient aux primitifs flamands, un groupe de peintres actifs dans les anciens Pays-Bas aux XVe et XVIe siècles. Ceux-ci sont à l'origine d'un véritable renouvellement de la peinture de leur temps : l'*ars nova*. Rompant avec les conventions du gothique et ses archétypes figés, ils s'orientent vers un art plus réaliste et cherchent à créer un espace illusionniste. La peinture à l'huile, perfectionnée par Jan Van Eyck, leur permet en outre de proposer des effets chromatiques et lumineux inédits.

- Si le style de van der Weyden s'inspire fortement de celui de ses contemporains, notamment par son souci du naturalisme, il présente cependant une réelle originalité, surtout perceptible dans ses portraits. Ses personnages, dotés d'une plus grande expressivité, expriment souvent une foi intime et personnelle, en accord avec le renouveau spirituel qui marque son époque.

- Van der Weyden popularise d'ailleurs un nouveau genre particulièrement prisé par les bourgeois et les aristocrates de son siècle : le portrait de dévotion, qui se présente comme un diptyque contenant d'une part un portrait classique du commanditaire, d'autre part un second panneau représentant une image pieuse.

- L'artiste meurt en 1464 et est inhumé dans l'église Sainte-Gudule, au pied de l'autel de la confrérie des peintres de Saint-Luc dont il a peint le retable. Ce dernier constitue un témoignage inédit sur la technique et le statut du métier de peintre à cette période. Celui-ci sort peu à peu de sa condition d'artisan pour devenir un véritable artiste.

POUR ALLER PLUS LOIN

SOURCES BIBLIOGRAPHIQUES

- « Art in Context : Rogier van der Weyden's Saint Luke Drawing the Virgin », in *Museum of Fine Arts Boston*, consulté le 03/02/2015. http://www.mfa.org/collections/object/saint-luke-drawing-the-virgin-31035
- BERNARD (Edina), *Histoire de l'art du Moyen Âge à nos jours*, Paris, Larousse, 2006.
- CARDON (Bert), « Van der Weyden », in *Dictionnaire des peintres belges*, consulté le 03/02/2015. http://balat.kikirpa.be/peintres/Detail_notice.php?id=5505
- CARVALHO (Roberto), *Le Petit Livre du grand art. De la peinture occidentale de la préhistoire au post-impressionnisme*, Paris, Gründ, 2005.
- CHÂTELET (Albert), *Rogier van der Weyden (Rogier de le Pasture)*, Paris, Gallimard, 1999.
- CHÂTELET (Albert), *Rogier van der Weyden. Problèmes de la vie et de l'œuvre*, Strasbourg, Presses universitaires de Strasbourg, 1999.
- DE VOS (Dirk), *Rogier van der Weyden : l'œuvre complète*, Paris, Hazan, 1999.
- DHANENS (Elisabeth) et DIJKSTRA (Jellie), *Rogier de le Pasture – Van der Weyden*, Bruxelles, La Renaissance du Livre, 1999.
- ISHIKAWA (Chiyo), « Rogier van der Weyden's Saint Luke Drawing the Virgin Reexamined », in *Journal of the Museum of Fine Arts*, Boston, volume 2, 1990.
- « L'héritage de Rogier van der Weyden », in *Musées royaux des Beaux-Arts de Belgique*, consulté le 03/02/2015. http://www.expo-vanderweyden.be/fr/lexposition

- Mɪɢɴᴏᴛ (Claude) et Rᴀʙʀᴇᴀᴜ (Daniel), *Les Temps modernes*, Paris, Flammarion, 1996.
- « Rogier van der Weyden, le maître des passions », catalogue d'exposition, Louvain, Davidsfonds, 2009.
- « Van der Weyden », in *Apparences*, consulté le 03/02/2015. http://www.aparences.net/ecoles/les-primitifs-flamands/rogier-van-der-weyden/

SOURCES ICONOGRAPHIQUES

- Aɴᴏɴʏᴍᴇ, *M. de Chaugy présenté par saint Michel*, volet du *Retable de la passion d'Ambierle*, 1466, huile sur bois, Ambierle, église Saint-Martin. La photo reproduite est réputée libre de droits.
- Aɴᴏɴʏᴍᴇ, *L. de Jaucourt présentée par saint Laurent*, volet du *Retable de la passion d'Ambierle*, 1466, huile sur bois, Ambierle, église Saint-Martin. La photo reproduite est réputée libre de droits.
- Vᴀɴ ᴅᴇʀ Wᴇʏᴅᴇɴ (Rogier), *La Descente de croix*, vers 1435, huile sur bois, 220 x 262 cm, Espagne, musée du Prado. La photo reproduite est réputée libre de droits.
- Vᴀɴ ᴅᴇʀ Wᴇʏᴅᴇɴ (Rogier), *Le Jugement dernier*, 1445-1450, huile sur bois, 220 x 548 cm, Beaune (France), hospices de Beaune. La photo reproduite est réputée libre de droits.
- Vᴀɴ ᴅᴇʀ Wᴇʏᴅᴇɴ (Rogier), *Saint Luc dessinant la Vierge*, 1435-1440, huile et tempera sur panneau, 137,5 x 110,8 cm, Boston, musée des Beaux-Arts. La photo reproduite est réputée libre de droits.
- Vᴀɴ ᴅᴇʀ Wᴇʏᴅᴇɴ (Rogier), *Portrait de Philippe de Croÿ*, vers 1460, huile sur bois, 49 x 30 cm, Anvers, musée royal des Beaux-Arts. La photo reproduite est réputée libre de droits.

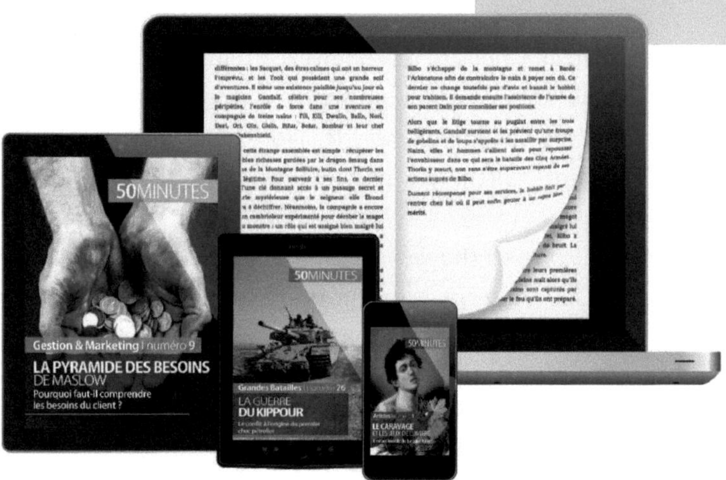

www.50minutes.com

Éditeur responsable : Lemaitre Publishing
Rue Lemaitre 6 | BE-5000 Namur
info@lemaitre-editions.com

ISBN ebook : 978-2-8062-6169-4
ISBN papier : 978-2-8062-6170-0
Dépôt légal : D/2015/12603/16
Photo de couverture : © *Saint Luc dessinant la Vierge* (1435-1440), par Rogier van der Weyden (détail).

Conception numérique : Primento,
le partenaire numérique des éditeurs